EMG3-0091
合唱楽譜<J-POP>

J-POP
CHORUS PIECE

合唱で歌いたい！ J-POPコーラスピース

混声3部合唱

今、咲き誇る花たちよ

（コブクロ）

作詞・作曲：小渕健太郎　合唱編曲：西條太貴

••● 演奏のポイント ●••

♪リズムに乗ってテンポよく歌えるように、リズム読みの練習をしましょう。

♪サビの前の「根を張れ」と「胸を張れ」はしっかりと言い切るように歌いましょう。また、その後の休符も全員でよく息を合わせ、サビの入りを力強くキメましょう。

♪[1]の前のかけ合いは、アクセントをつけてはっきりと言葉を発音しましょう。他のパートの動きを聴きながら歌えるように、よく練習しましょう。

♪ピアノ伴奏は、左手の8分の6拍子の動きをよく感じて演奏しましょう。また、ダイナミクスを強調して曲の盛り上がりを後押しするように演奏しましょう。

【この楽譜は、旧商品『今、咲き誇る花たちよ〔混声3部合唱〕』（品番：EME-C3117）とアレンジ内容に変更はありません。】

ELEVATO
MUSIC ENTERTAINMENT

ELEVATO
MUSIC ENTERTAINMENT

合唱で歌いたい! J-POPコーラス

J-POP
CHORUS PIECE

今、咲き誇る花たちよ

作詞・作曲:小渕健太郎　合唱編曲:西條太貴

Elevato Music
EMG3-0091

6
A
mp
ほほ え みをたや さ な い たい
ほほ え みをたや さ な い たい
Fm7 B♭m E♭m7 A♭7 D♭sus4 D♭ D♭sus4 D♭
A D♭ E♭
12
よ うにてら さ ーれて ぼくら をつつむ ひ びは か がやきつづけ る
よ うにてら さ ーれて ぼくら をつつむ ひ びは か がやきつづけ る
mf
はる
G♭ A♭ D♭ E♭ G♭ A♭ D♭
18
B
2nd time only
Lu lu Lu lu lu lu lu lu
はてな きだいち
やがて まーっしろ
2nd time only
Lu lu Lu lu
はてな き
やがて まーっ
が くれるひ か りで このほ しはうま れ かわり はてな きだいち
の したにか く れて じぶ ん のいろを さ ーがし やがて まーっしろ
B
D♭ E♭ G♭ A♭sus4 A♭ D♭ F7

23
C
mf
に あいがめ ぶく ように ー み
な ふゆをと かすの でしょう ー つ
だいちに め ぶく ように ー ひとりにひとつ ずつ みら いのーた
しーろな と かすのでしょう ー ここえそうなゆ びを つ な ぎあーわ
に あいがめ ぶく ように ー
な ふゆをと かすの でしょう ー
B♭m B♭m7/A♭ G♭M7 A♭ D♭sus4 D♭ G♭m D♭ G♭m6
mp
29
div.
unis.
ら いのーた ね ー Ah やさしさで
な ぎあーわ せ ー さいごのや
ね
せ
Woo Ah つよさ とやさしさで
ちかーっ たさいごのや
どんなかぜにも まけない つよさ とやさしさで
ぬくもりひとつ かわして ちかーっ たさいごのや
D♭ G♭m D♭ A♭7/C B♭m B♭m7/A♭ G♭M7
cresc.
34
D
f
ねをはれ いまさ きほこるは なたちよ てんたかくは ばたけ あいす べきこの
くそくが きみと ゆめとのむ すびめを つよくにぎり しめて しんじ たそらみ
A♭ A♭7/G♭ F7 B♭m Fm G♭ D♭ G♭ D♭ Gm7(♭5) A♭sus4 A♭ G♭ A♭

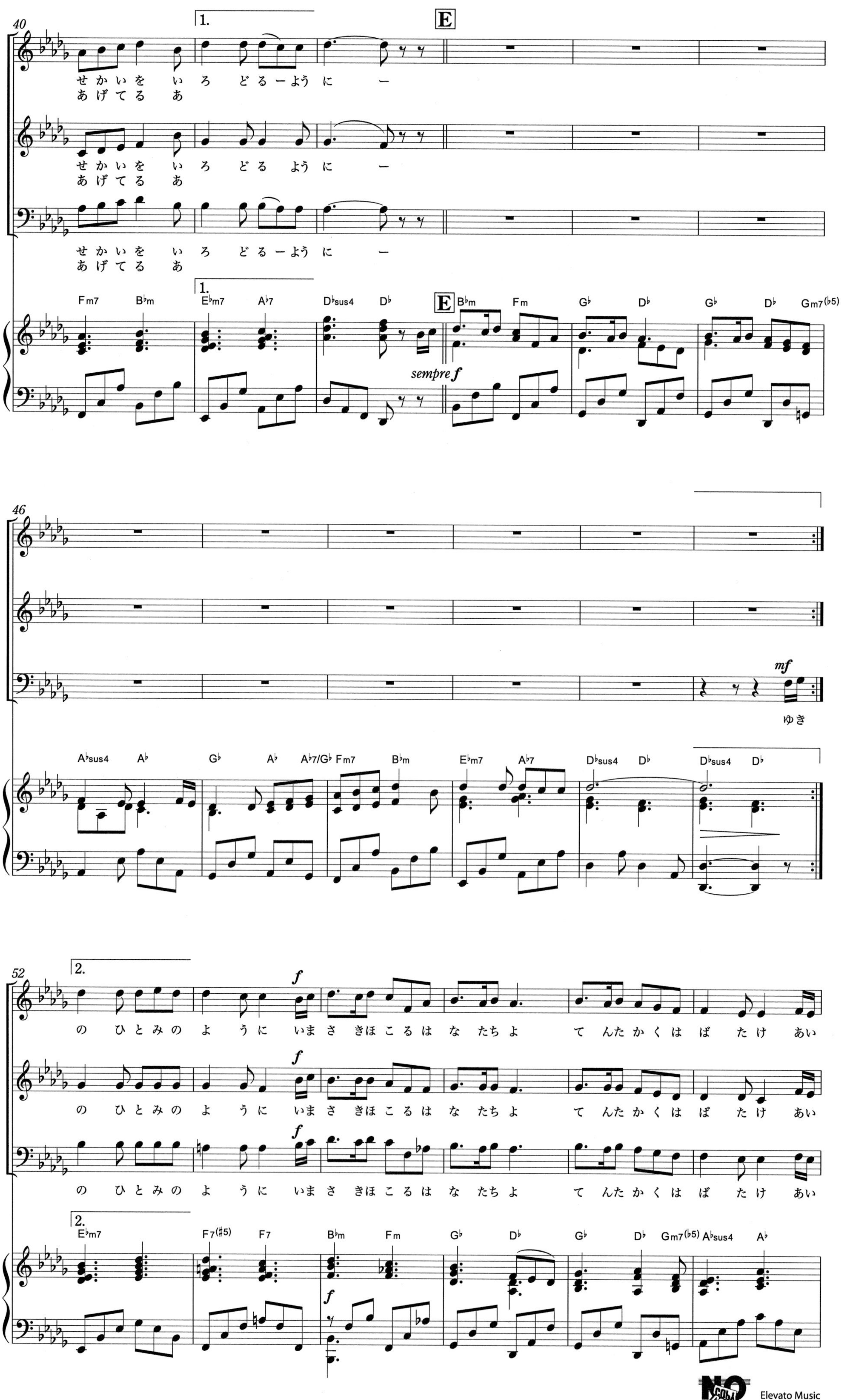
40
1.
E
せかいを　いろ　どるーように　ー
あげてる　あ
せかいを　いろ　どる　ように　ー
あげてる　あ
せかいを　いろ　どるーように　ー
あげてる　あ
Fm7　B♭m　E♭m7　A♭7　D♭sus4　D♭　B♭m　Fm　G♭　D♭　G♭　D♭　Gm7(♭5)
sempre f
46
mf
ゆき
A♭sus4　A♭　G♭　A♭　A♭7/G♭　Fm7　B♭m　E♭m7　A♭7　D♭sus4　D♭　D♭sus4　D♭
52
2.
f
のひとみの　ように　いまさ　きほこるは　なたちよ　てんたかくはば　たけ　あい
E♭m7　F7(♯5)　F7　B♭m　Fm　G♭　D♭　G♭　D♭　Gm7(♭5)　A♭sus4　A♭

58
F
す べきこの せかいを いろ どるーように ー
す べきこの せかいを いろ どる ように ー
す べきこの せかいを いろ どるーように ー
G♭ A♭ Fm7 B♭m E♭m7 A♭7 D♭sus4 D♭
F
B♭♭
sempre f
64
mf cresc.
f
Woo woo Ah
Woo woo Ah
Woo Ah
F♭ D♭m G♭m G♭7 A♭sus4
69
G
mp
みらいのた
みらいのた
ちるひもかれるひも みらいのーため
A♭
G
G♭m D♭ G♭m6 D♭
p

74
div.
unis.
mf
f
め ー Ah
やさしさむねをはれいま
め ー
つよさとやさしさむねをはれいま
ふりかえらずにあるいた
つよさとやさしさむねをはれいま
G♭m D♭ A♭7/C B♭m B♭m7/A♭ G♭M7 A♭ A♭7/G♭ F7
mp
cresc.
79
H
さきほこるはなたちよ てんたかくはばたけ あいすべきこのせかいのい
さきほこるはなたちよ てんたかくはばたけ あいすべきこのせかいのい
さきほこるはなたちよ てんたかくはばたけ あいすべきこのせかいのい
B♭m Fm G♭ D♭ G♭ D♭ Gm7(♭5) A♭sus4 A♭ G♭ A♭ Fm7 B♭m
85
ろをかえるようにほほえみがとぎれそうなひは おもいだしてほしいとお
ろをかえるようにほほえみがとぎれそうなひは おもいだしてほしいとお
ろをかえるようにほほえみがとぎれそうなひは おもいだしてほしいとお
E♭m7 F7(♯5) F7 B♭m Fm G♭ D♭ G♭ D♭ Gm7(♭5) A♭sus4 A♭

91
I
più f
ざ かりそう なゆめを たぐりよせ かけぬけた みちを それで もこぼれる
più f
div.
ざ かりそう なゆめを たぐりよせ かけぬけた みちを Ah
più f
ざ かりそう なゆめを かけぬけた みちを それで もこぼれる
G♭ A♭ Fm7 B♭m E♭m7 F7(♯5) F7 B♭m Fm
I
più f
96
なみだは もうぬぐわないで いい ほんとう のきみに もどーって ま
unis.
なみだはぬぐわないで いい ほんとう のきみに もどーって ま
なみだは もうぬぐわないで いい Ah ま
G♭ D♭ G♭ D♭ Gm7(♭5) A♭sus4 A♭ G♭ A♭ Fm7 B♭m
101
J
たたちあがれ ばいい いまさ きほこるはな たちよ てんたかくは
たたちあがれ ばいい いまさ きほこるはな たちよ てんたかくは
たたちあがれ ばいい いまさ きほこるはな たちよ てんたかくは
E♭m7 F7(♯5) F B♭m Fm G♭ D♭ G♭ D♭ Gm7(♭5)
J

106
mf
ば たけ あいす べきこの せかいを いろ どるーように ーしん
ば たけ あいす べきこの せかいを いろ どる ように ーしん
ば たけ あいす べきこの せかいを いろ どるーように ーしん
A♭sus4 A♭ G♭ A♭ Fm7 B♭m E♭m7 A♭7 D♭
111
f
K
じ たそらみ あげてる ひと みのーように ー
じ たそらみ あげてる ひと みのーように ー
じ たそらみ あげてる ひと みのーように ー
G♭ A♭ Fm7 B♭m E♭m7 A♭7 D♭sus4 D♭ B♭m Fm G♭ D♭
mf
f
sempre f
117
G♭ D♭ Gm7(♭5) A♭sus4 A♭ G♭ A♭ A♭7/G♭ Fm7 B♭m E♭m7 A♭7 D♭sus4 D♭
ff

今、咲き誇る花たちよ（コブクロ）

作詞:小渕健太郎

微笑みを絶やさない　太陽に照らされて
僕等を包む日々は　輝き続ける
春がくれる光で　この星は生まれ変わり
果て無き大地に　愛が芽吹く様に

一人に一つずつ　未来の種
どんな風にも負けない　強さと優しさで根を張れ

今　咲き誇る花たちよ　天高く羽ばたけ
愛すべきこの世界を彩るように

雪の下に隠れて　自分の色を探し
やがて　真っ白な冬を溶かすのでしょう

凍えそうな指を　繋ぎ合わせ
ぬくもり一つ交わして　誓った最後の約束が

君と夢との結び目を　強く握りしめて
信じた空見上げてる　あの瞳の様に
今　咲き誇る花たちよ　天高く羽ばたけ

愛すべきこの世界を彩るように

散る日も枯れる日も　未来の為
振り返らずに歩いた　強さと優しさ　胸を張れ

今　咲き誇る花たちよ　天高く羽ばたけ
愛すべきこの世界の色を変える様に
微笑みが途切れそうな日は　思い出してほしい
遠ざかりそうな夢を　手繰り寄せ　駆け抜けた道を

それでもこぼれる涙は　もう拭わないでいい
本当の君に戻って　また　立ち上がればいい
今　咲き誇る花たちよ　天高く羽ばたけ
愛すべきこの世界を彩るように
信じた空見上げてる瞳の様に

ELEVATO
MUSIC ENTERTAINMENT
エレヴァートミュージックエンターテイメントはウィンズスコアが
展開する「合唱楽譜・器楽系楽譜」を中心とした専門レーベルです。

ご注文について

エレヴァートミュージックエンターテイメントの商品は全国の楽器店、ならびに書店にてお求めになれますが、店頭でのご購入が困難な場合、下記PC&モバイルサイト・FAX・電話からのご注文で、直接ご購入が可能です。

◎PCサイト&モバイルサイトでのご注文方法

http://elevato-music.com

上記のアドレスへアクセスし、WEBショップにてご注文ください。

◎FAXでのご注文方法

FAX.03-6809-0594

24時間、ご注文を承ります。上記PCサイトよりFAXご注文用紙をダウンロードし、
印刷、ご記入の上ご送信ください。

◎お電話でのご注文方法

TEL.0120-713-771

営業時間内に電話いただければ、電話にてご注文を承ります。